SUPER KNOWLEDGE

超级涨知识

北京市地理特级教师
李京燕 主审

小猛犸童书

朱岩 编著
石子儿童书 绘

绕不开的
地理常识

2

奇妙的气象气候

电子工业出版社·
Publishing House of Electronics Industry
北京·BEIJING

目 录

大气是由哪些成分组成的?

空气就像一条巨大而透明的毯子，包裹在地球的周围，覆盖着陆地和海洋。科学家把这厚厚的空气称作"大气"。

在古希腊时代，人们认为土、气、水、火是四种组成万物的基本元素，不能够再被分解为其他种类的东西。而今天我们已经知道，空气是由不同的气体组成的。

在地球形成之初，就已经形成了原始大气，其主要成分是氢气、氦气。不过，由于地球当时的引力不足，以及强大的太阳风，原始大气只存在几千万年就消失了。

此后，地球温度下降，但火山依旧活动频繁。地球内部的气体随火山喷发大量释放出来，形成了新的大气层。这时的大气，主要由二氧化碳、甲烷、氨气等气体组成。

约 25 亿年前，大气发生了巨大的变化：氧气出现了。能够进行光合作用的微生物在生产养料的过程中，将氧气从水里分解出来，释放到了大气中。

在今日，干燥而洁净的空气由氮气、氧气、二氧化碳和其他气体组成。同时，大气中往往还会含有水汽和一些微小杂质。

干燥而洁净空气的成分

氮气78%　氧气21%

其他气体1%

其他气体	体积分数（%）
氩气	0.93
二氧化碳	0.038
氖气	0.0018
氦气	0.00052
甲烷	0.00015
氪气	0.00011
氢气	0.00005

氮气是大气中含量最多的气体。氮是地球上生物体的基本成分。

氧气是大气中含量第二多的气体。生物的生存离不开氧气。如果没有氧气，大多数动物会在几分钟内死亡。

二氧化碳在大气中的含量很少，但用途却很多。植物就是利用二氧化碳来生产"食物"的。

大气中还有臭氧、甲烷以及氩气等惰性气体，它们的含量都非常少。

大气一般不会完全干燥，而是含有一定的水汽。在不同地方、不同时间，水汽的含量会有所不同，影响着全球的天气变化。

在现实世界中，大气中还含有少量粉尘、烟雾、花粉、盐等固态或液态的小颗粒，称为杂质。

Tips 其他星球的大气

大气不是地球独有的。太阳系的八大行星，大多有独特的大气。如金星大气的主要成分是二氧化碳（97%），且大气密度比地球高 90 倍左右。

97%
CO_2

大气可以分成哪几层？

高度（千米）
3000

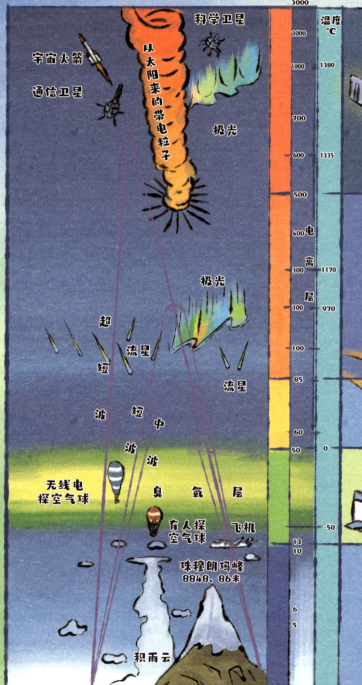

科学卫星

宇宙火箭

通信卫星

从太阳来的带电粒子

极光

2000

1000

700

600

500

温度℃

1280

1235

地球大气层

热层

中间层

平流层

对流层

极光

超短波

流星

短波

中波

流星

无线电探空气球

臭氧层

有人探空气球

飞机

珠穆朗玛峰 8848.86米

积雨云

400

300

200

100

85

60

50

12
10

6
5

0

电离层

1170

970

0

-50

15

热层靠外的一部分，称为散逸层。

最外层的大气是热层，从距离地表80千米的上空向外延伸，逐渐融入太空，没有明确的边界。这里的大气稀薄，但温度高，甚至会超过1000℃。

中间层位于平流层之上，气温再次开始降低。

自对流层顶到50千米左右的高度是平流层。

对流层是最贴近地面的一层大气，也是最薄的一层大气：在赤道附近，它的厚度超过16千米；而在南北两极，则不到9千米。但是，它却包含了整个大气层的绝大部分质量。

6

科学家根据气温变化规律的不同，将地球的大气分为四层，从下到上依次为对流层、平流层、中间层和热层。

在这里，地球引力的"鞭长莫及"，一些气体分子会扩散到宇宙空间去。很多人造卫星在这一高度活动。

太阳的能量使得热层下部的气体分子发生电离，生成一种被称为离子的物质，形成电离层。它们能将无线电波反射回地球表面，是无线电短波通信的基础。极光发生在这一层中。

中间层能保护地球免受大部分流星体的袭击。划过夜空的流星，其实就是流星体在中间层燃烧留下的痕迹。

在这一层中，气温随高度增加而不断上升。这里的大气较稳定，几乎没有天气现象，很适合飞机飞行。在平流层的中间，有一层含有较多臭氧的空气。臭氧吸收来自太阳的能量，加热了这一层的大气。

在对流层中，温度随海拔的增加而降低。一般来说，海拔每升高1千米，气温降低6.5℃。生活中常见的天气现象，基本都发生在对流层中。而绝大多数生命也都生活在对流层的范围内。

臭氧层空洞是如何出现的?

平流层中的臭氧层能够吸收太阳光中绝大部分紫外线,以更好地保护人类和其他生物。

到 2000 年时,臭氧层空洞的面积已经达到了惊人的 2850 万平方千米,接近整个非洲的面积。

经过深入研究,科学家发现导致臭氧层破坏的最主要"元凶",是化学物质氟氯烃,又被称为氟利昂。

然而,20 世纪 70 年代,科学家通过卫星观测发现,全球臭氧总量明显减少。每到春天,南极上空的臭氧层就会逐渐变薄,形成一个巨大的臭氧空洞。

臭氧的减少,意味着更多的紫外线会到达地面。紫外线可能诱发疾病,威胁人类健康,还会对生态环境和农业生产造成破坏。

氟氯烃被大量用于空调、冰箱的制冷剂,电子产品的清洁剂,以及除臭剂、灭火器等生活用品中。

一般的化合物在进入大气后会很快分解，但氟氯烃却十分"顽强"。它们会进入平流层，并持续存在数十年。在平流层，紫外线将氟氯烃分解成氯和其他一些原子。氯原子又可以和臭氧发生反应，把它们分解成普通的氧原子，臭氧层就这样不断变薄了。

保护臭氧层需要所有的国家共同努力。1989年，《蒙特利尔议定书》生效，氟氯烃的生产和使用在全球范围内被逐渐禁止。

随着大气中氟氯烃含量的逐渐减少，平流层中的臭氧含量缓慢增加，臭氧层空洞的面积也开始逐渐缩小。

据科学家估计，如果所有国家都能继续严格遵守协定，臭氧层有望在21世纪中叶完全恢复。

大气具有哪些特性？

生活中常说到的气温，指的就是大气的温度，是大气重要的特性之一。

气温通常用温度计来测量。最常见的温度计量单位是摄氏度（℃），纯水的冰点是0℃，沸点是100℃。

密度

空气看不见、摸不着，似乎没什么质量。但实际上，组成空气的各种原子和分子都有质量，因此空气也有质量。

密度=质量/体积

单位体积空气的质量，就是空气的密度。也就是说，如果在一定的体积中，质量越大，密度就越高。

8千米上空的空气密度

海拔越高，大气的密度越低。同样是1立方米体积的空气，海平面附近的含有大量的原子和分子，而山顶上的就会少很多。

海平面的空气密度

大气的重量会给大气中的物体施加压力。如你站在大气中，实际上就一直承受着头上空气的重量，就像顶着一个大背包。

气压就是单位面积上物体受到大气的重力。1643年，意大利物理学家托里拆利发明了水银气压计，用于测量气压。

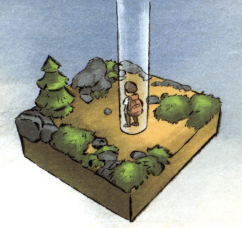

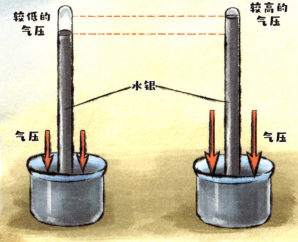

较低的气压

较高的气压

水银

气压

气压

大气的压力比我们想象的要大得多。1654年，在德国雷根斯堡进行的马德堡半球实验证明了大气巨大的力量，需要16匹马才拉得开。

气压随着海拔的升高而降低。海平面附近的气压远远大于高山山顶的气压。这就像将十本书摞在一起，最下面的一本书要承受上面九本书的重量，受到的压力最大。

Tips 1 大气压有多大？

　　1个标准大气压是101千帕。

Tips 2 为什么在高山上呼吸会变得困难？

　　因为高山上的空气密度比较低。吸入同样体积的空气，实际获得的氧气会少很多。

空气的主要污染源是什么？

一些自然和人类的活动，会造成大气污染，危害人类和其他生物的健康。工业革命以来，大气污染问题日益凸显。

森林火灾、泥石流、沙尘暴、火山喷发等自然现象，都可能产生大量粉尘、浓烟和有毒气体，降低空气质量。

耕地、修公路、挖隧道、盖房子、开采矿石……人类的很多工程活动，会使大量灰尘颗粒进入空气中。

煤、石油等化石燃料的燃烧，会产生烟灰、一氧化碳、二氧化碳、二氧化硫等不同的污染物，是大气污染的主要来源。

汽车尾气"贡献"了将近一半的大气污染。以煤和石油为燃料的发电厂和工厂也会排放大量污染物。

 1943 年，美国洛杉矶出现光化学烟雾。汽车尾气排放的大量碳氢化合物在太阳的照射下发生了化学反应，形成浓厚的棕色烟雾。

空气污染

1952 年，英国伦敦发生震惊世界的伦敦烟雾事件。煤炭的燃烧产生大量烟尘和二氧化硫，使伦敦的空气又黑又脏，能见度极低，导致大量居民死亡。

近年来，中国北方部分地方出现了霾，引起人们的关注。霾中含有数百种微小的颗粒物质，这些物质主要来自汽车尾气、煤炭燃烧。它们会进入人的呼吸道中，引发严重的呼吸系统疾病。

酸雨是比正常的雨更"酸"的雨。煤炭和石油燃烧产生的酸性气体和空气中的水蒸气发生反应，形成硫酸和硝酸，随着降水回到地面。

酸雨会让湖泊变酸，导致水生动植物无法生存。酸雨还会腐蚀建筑、雕塑和汽车。

Tips

雾和霾是一回事吗？

雾是悬浮在空气中的微小水滴，属于自然现象；霾是悬浮在空气中的固体颗粒，是主要由人类活动导致的空气污染。

怎样才能改善空气质量？

人们使用空气质量指数（AQI）对空气质量的情况进行比较精确的描述。数值越大，空气污染的状况就越严重，对人体健康的危害也就越大。

空气质量指数及相关信息

空气质量指数	0～50	51～100	101～150	151～200	201～300	＞300
空气质量指数级别	一级	二级	三级	四级	五级	六级
建议采取的措施						

我们一定要保护环境！

污染物主要包括六种：细颗粒物（PM2.5）、可吸入颗粒物、二氧化硫、二氧化氮、臭氧和一氧化碳。

减少大气污染，改善空气质量，需要的不仅是采取各种不同的措施，更重要的是每一个人的参与和努力。

（1）制定法律和法规，严格监督管理，限制污染物的排放。

（2）减少煤、石油等化石燃料的使用，开发风能、太阳能等可再生的绿色能源。

（3）改进汽车制造技术，减少能源消耗量，安装尾气净化装置。

（4）为工厂的烟囱加装净化装置，去除排放气体中的二氧化硫等污染物质。

（5）优化产业的结构，减少高污染产业的比例。

新能源

每个人能做的

（1）节约能源，减少不必要的能源消耗。

（2）尽可能使用公交车、地铁、自行车、步行等绿色方式出行，减少私家车的使用。

（3）宣传保护空气质量的重要性，让更多人行动起来。

绿色出行

能量与温度是什么关系？

所有物质都是由原子或分子等微小粒子组成的。虽然我们用肉眼观察不到，但实际上这些粒子一直都在不断地运动，具有一定的动能。

一个物体中，粒子运动的速度越快，具有的动能就越大。温度表示的就是物质中粒子具有的平均动能。

粒子的平均动能越大，温度就越高。如一杯冰水中的粒子运动速度很慢，温度就很低。而一杯热茶中的粒子运动速度要快得多，温度也就高很多。

温度和粒子的多少没有关系。一杯茶和一壶茶里的茶水，多少不同，但只要粒子具有的平均动能相同，它们的温度就相同。

一个物体中所有粒子动能的总和，称为热能。热能与粒子的多少直接相关，所以温度相同的一壶茶要比一杯茶拥有更多的热能。

我的热能多。

我的少。

热量是不同温度的物体间传递的能量。它总是从较热的物体传向较冷的物体，直到两个物体温度相同为止。

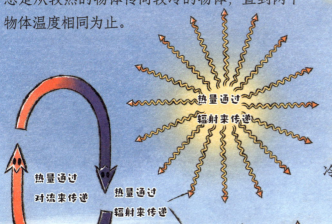

热量通过
辐射来传递

热量通过
对流来传递

热量通过
辐射来传递

热量通过
传导来传递

当你从微波炉中取出加热后的食物时，你会感觉到很烫。这就是热量从食物传到了你的手上。

当你从冰箱里拿出一罐冰镇饮料时，会觉得很冷。这就是你手上的热量，传递到了冰镇饮料上。

对流

热量的传递方式有三种：传导、辐射和对流。当你用煤气炉烧水的时候，三种热量传递的方式都会发生。

站在炉灶旁边，你能感受到扑面而来的"热气"。这是火焰的热量通过电磁波的形式传给了你，发生了热量的**辐射**。

炽热的火焰与锅底接触，直接将能量传递过去，使锅的温度升高，这就是**传导**。

锅底的水被加热后，水的体积膨胀，密度变小，因而向上运动，将热量传递给周围的冷水。同时，密度更大的冷水会向下运动，形成循环往复的环流，逐渐将整锅水加热。这种传递方式就是**对流**。

大气中的能量来自哪里?

根据波长的不同，太阳释放出的能量可以分为红外线辐射、可见光和紫外线辐射。

长波 ⟵ ⟶ 短波

红外线辐射	可见光	紫外线辐射
红外线辐射的波长比红光更长。人们无法看到红外线辐射，但可以感受到它所含的热量。	彩虹中的红、橙、黄、绿、蓝、靛、紫七种颜色共同组成了可见光。不同颜色的光具有不同的波长，红光的波长最长，紫光的波长最短。	比紫光波长更短的是紫外线辐射。过多的紫外线辐射会对人体造成伤害。

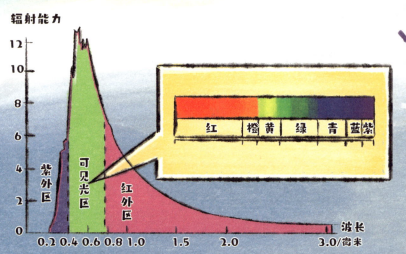

红 橙 黄 绿 青 蓝 紫

注意防紫外线。

地球大气的能量几乎全部来自太阳的辐射，特别是其中的可见光。

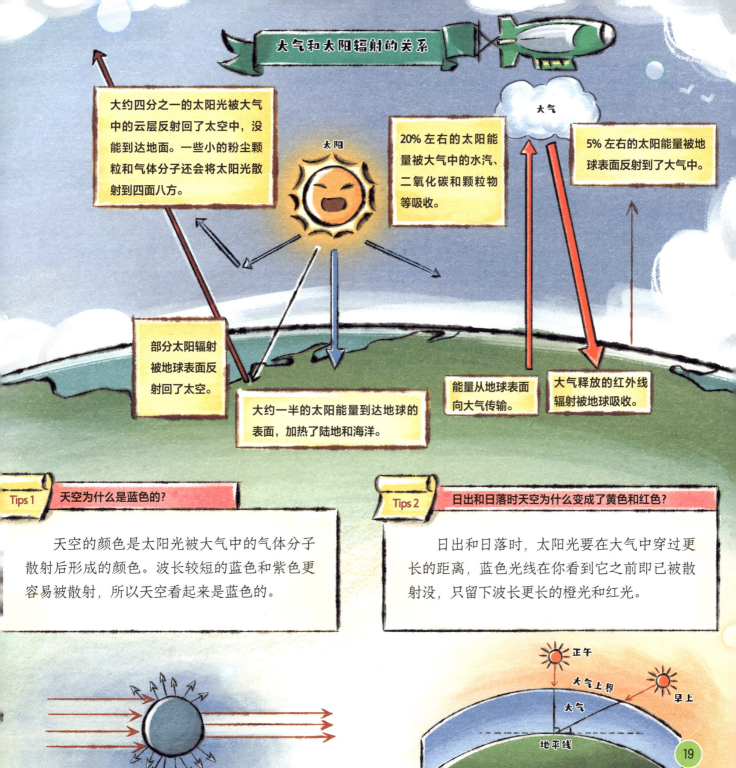

大气和太阳辐射的关系

太阳

大气

大约四分之一的太阳光被大气中的云层反射回了太空中，没能到达地面。一些小的粉尘颗粒和气体分子还会将太阳光散射到四面八方。

20% 左右的太阳能量被大气中的水汽、二氧化碳和颗粒物等吸收。

5% 左右的太阳能量被地球表面反射到了大气中。

部分太阳辐射被地球表面反射回了太空。

大约一半的太阳能量到达地球的表面，加热了陆地和海洋。

能量从地球表面向大气传输。

大气释放的红外线辐射被地球吸收。

Tips 1 天空为什么是蓝色的?

天空的颜色是太阳光被大气中的气体分子散射后形成的颜色。波长较短的蓝色和紫色更容易被散射，所以天空看起来是蓝色的。

Tips 2 日出和日落时天空为什么变成了黄色和红色?

日出和日落时，太阳光要在大气中穿过更长的距离，蓝色光线在你看到它之前即已被散射没，只留下波长更长的橙光和红光。

正午
大气上界
早上
大气
地平线

19

什么是温室效应？

在气候较冷的地区，人们会用玻璃或塑料薄膜建造温室，让植物在原本不适宜生长的季节生长。

阳光可以照射进温室，加热室内的空气。而玻璃或塑料薄膜能够阻挡热量的散失。

地球表面被太阳辐射加热后，会以红外线的形式，将一部分能量辐射回大气层。

这些红外线辐射有很小的一部分会穿过大气，直接回到太空。但大部分红外线辐射会被大气中的水汽、二氧化碳和甲烷等气体吸收，使得大气的温度上升。

射向宇宙空间

这些被大气吸收的能量，会再次辐射到地球表面，提高地表的温度。

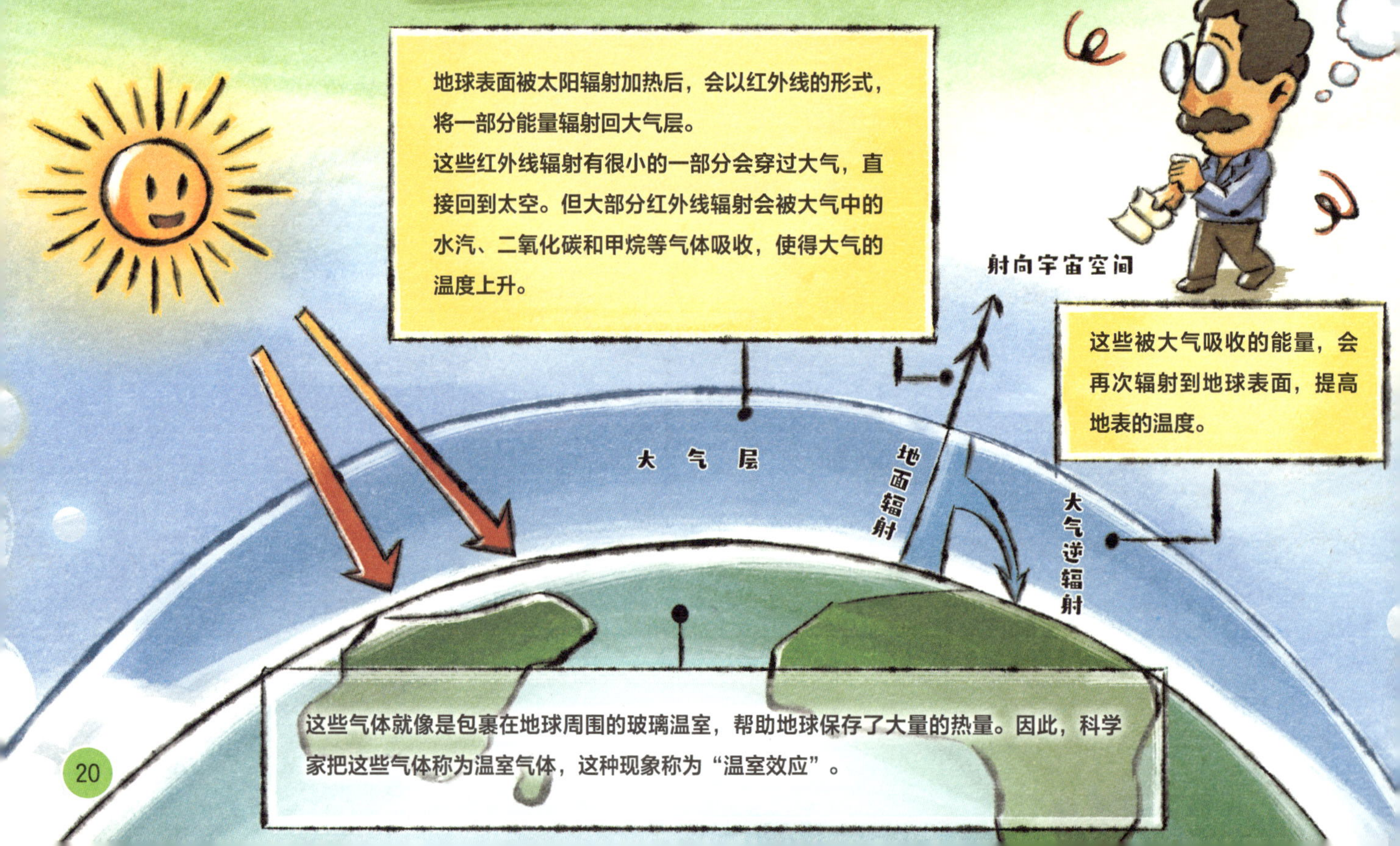

大 气 层

地面辐射

大气逆辐射

这些气体就像是包裹在地球周围的玻璃温室，帮助地球保存了大量的热量。因此，科学家把这些气体称为温室气体，这种现象称为"温室效应"。

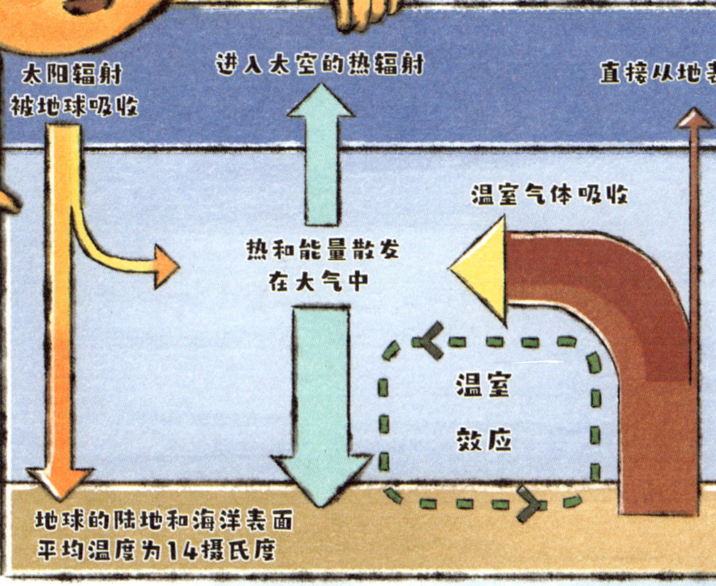

太阳辐射
被地球吸收

进入太空的热辐射

直接从地表散射

温室气体吸收

热和能量散发
在大气中

温室
效应

温室效应的存在，帮助地球保持了既不太冷也不太热的适宜温度。如果没有温室效应，很多生物将无法在地球上生存。

从长时间看，被大气和地表吸收的能量，与地球散发到太空中的能量保持平衡，确保了地球温度的相对稳定。

地球的陆地和海洋表面
平均温度为14摄氏度

Tips 1 没有温室效应会怎样？

如果没有大气的保温作用，地球的平均温度会从现在的 15℃下降到 -18℃。

好冷！

Tips 2 温室效应是人为制造的吗？

温室效应天然存在，但人类的活动可以影响到温室效应的强弱程度。

风是如何形成的?

在不同的地方，地表接受阳光照射的情况不同，产生温度的差异。

接受阳光多的地方，温度较高，空气膨胀，密度减小，气压相应降低。

接受阳光少的地方，温度较低，空气收缩，密度增大，气压随之上升。

空气就会从气压高的地方向气压低的地方移动。这种因气压差异引起的空气运动就是风。

风以它吹来的方向命名，如北风就是指从北往南吹的风。方向可以用风向标来确定。

英国人蒲福在 1805 年根据风对地面物体的影响程度，将风力划分为 0 ~ 12 级，共 13 个等级。

风级	名称
0	无风
1	软风
2	轻风
3	微风
4	和风
5	劲风
6	强风
7	疾风
8	大风
9	烈风
10	狂风
11	暴风
12	飓风

零级烟柱直冲天　一级青烟随风偏　二级轻风吹脸面　三级叶动红旗展

四级枝摆飞纸片　五级带叶小树摇　六级举伞步行艰　七级迎风走不便

八级风吹树叶断　九级屋顶飞瓦片　十级拔树又倒屋　十一二级陆上很少见

风可是有等级的哦!

在较小范围内出现受热不均，就会产生短距离的地方性风。如在海边常会出现海陆风。

白天受太阳照射，陆地的温度上升得比海洋更快。

陆地的温度较高，空气受热膨胀上升，形成一个低压的区域；海洋的温度较低，空气下沉，形成一个高压的区域。

空气从高压向低压移动，形成从海洋吹向陆地的海风。

到了晚上，情况正好相反。陆地的温度下降得又比海洋上快。

陆地的温度较低，空气下沉，形成一个高压的区域；海洋的温度较高，形成一个低压的区域。

空气仍然从高压向低压移动，形成从陆地吹向海洋的陆风。

暖空气　　　冷空气

陆地　　　海洋

冷空气　　　暖空气

陆地　　　海洋

全球有哪些风带？

赤道地区常年受太阳的强烈照射，温度较高，空气膨胀上升，形成低气压的区域。

极地地区终年寒冷，空气受冷下沉，形成较高的气压。

赤道和两极间的气压差异，使得地表附近的风总是从两极吹向赤道。而在高空，情况正好相反，风从赤道吹向两极。

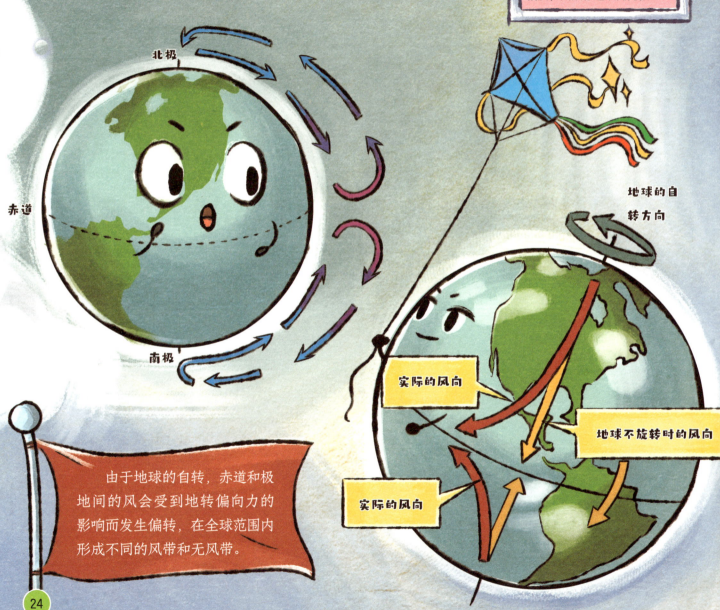

北极

赤道

南极

地球的自转方向

实际的风向

地球不旋转时的风向

实际的风向

由于地球的自转，赤道和极地间的风会受到地转偏向力的影响而发生偏转，在全球范围内形成不同的风带和无风带。

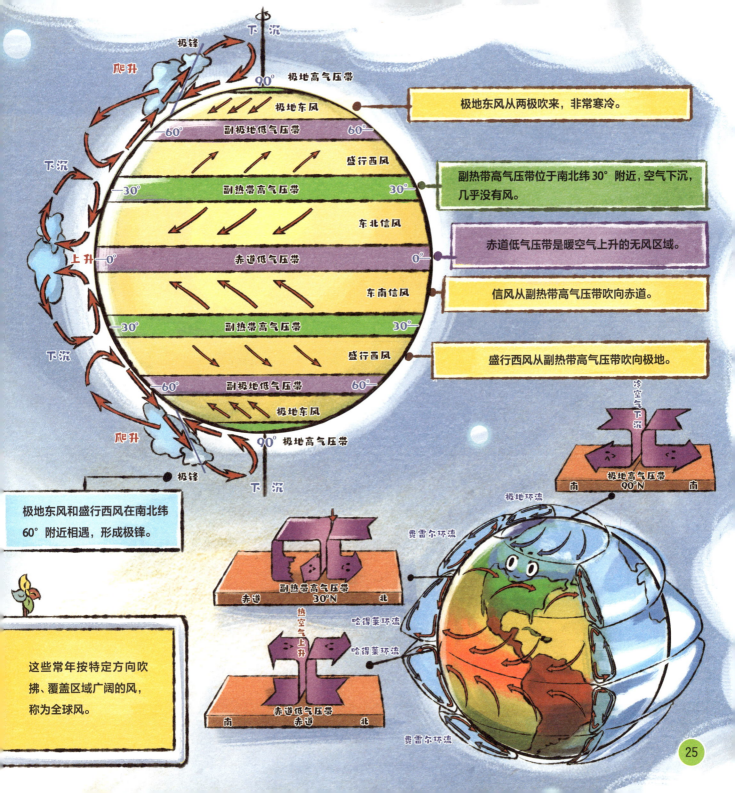

下沉

极锋

爬升

90° 极地高气压带

极地东风

-60° 副极地低气压带 60°

盛行西风

下沉

-30° 副热带高气压带 30°

东北信风

上升 0° 赤道低气压带 0°

东南信风

-30° 副热带高气压带 30°

盛行西风

下沉

-60° 副极地低气压带 60°

极地东风

爬升

90° 极地高气压带

极锋

下沉

极地东风从两极吹来，非常寒冷。

副热带高气压带位于南北纬30°附近，空气下沉，几乎没有风。

赤道低气压带是暖空气上升的无风区域。

信风从副热带高气压带吹向赤道。

盛行西风从副热带高气压带吹向极地。

极地东风和盛行西风在南北纬60°附近相遇，形成极锋。

这些常年按特定方向吹拂、覆盖区域广阔的风，称为全球风。

冷空气下沉

极地高气压带

90°N 南 南

副热带高气压带

30°N 赤道 北

热空气上升

赤道低气压带

南 赤道 北

极地环流

费雷尔环流

哈得莱环流

哈得莱环流

费雷尔环流

25

云是怎样形成的？

水蒸气是气态的水，它没有颜色、没有气味、没有味道，很难被我们发现，却对天气有着重要影响。

空气中的水蒸气主要来自海洋、湖泊、河流中水分的蒸发。地球表面某一位置的水蒸气含量，称为湿度。

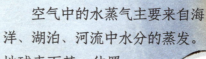

蒸发

空气所能容纳水汽的最大含量与温度有关。暖空气可以比冷空气容纳更多的水汽。

相对湿度就是空气中实际含有水汽的质量占它在当前温度下所能容纳的最大水汽含量的百分比。

空气

水汽

举例来说，10℃时，10立方米的空气能容纳80克水汽。如果空气中实际的水汽含量为60克，则相对湿度就是75%。

露点是指空气中的含水量达到饱和，开始形成露水的温度。

天空中的云是由成千上万的小水滴或小冰晶组成。当空气中的水汽凝结形成液态水或小冰晶的时候，就会形成云。

云滴

云凝结核

雨滴（包含数百万个云滴）

凝结核
2 微米

云滴
20 微米

雨滴
2000 微米（2 毫米）

当暖湿空气上升时，会逐渐冷却，它能容纳的最大水汽含量就会减少。当温度降到露点以下时，一部分水汽就会被迫凝结，形成微小的水滴或冰晶。空气中的固体微粒可以为水汽提供凝结的表面，称为凝结核。这是云形成的另一个重要条件。

（3）水汽凝结，形成空气中的微小液滴，从而形成云。

（1）暖湿空气从大地表面上升。在上升过程中，空气会逐渐冷却。

（2）在一定的高度，气温降低到露点，冷凝过程就发生了。

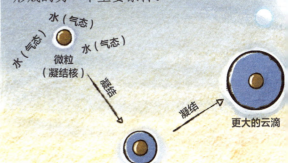

水（气态）
水（气态）
水（气态）
微粒（凝结核）
凝结
云滴
凝结
更大的云滴

Tips1 哪些固体微粒可以成为凝结核？
主要包括空气中的盐粒、冰粒、灰尘、烟等。

Tips2 哪些条件可以让水汽抬升？
锋面和地形是推动水汽抬升的两种重要方式。

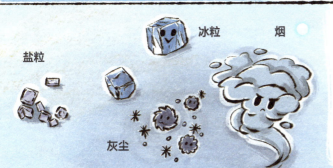

冰粒　烟

盐粒

灰尘

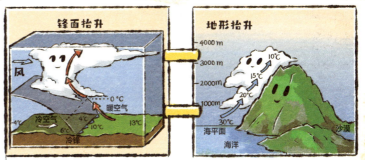

锋面抬升

风

0℃

暖空气

冷空气　4℃　6℃　10℃　13℃

冷锋

地形抬升

4000 m
3000 m
10℃
2000 m
15℃
1000 m
20℃
30℃
海平面
海洋　沙漠

有哪些不同种类的云？

40 000 Fuß
12 000 m

高云族

23 000 Fuß
7 000 m

中云族

6500 Fuß
2 000 m

低云族

卷积云
卷层云
卷云
积雨云
雨层云
高积云
高层云
层积云
积云
层云

高云（6000 米以上）	卷云	高度最高的云，形似飘动卷曲的白色头发。
	卷积云	高空中的小块云朵，几乎全由冰晶组成。密集排列的卷积云好似鱼鳞，被称为鱼鳞天。
	卷层云	丝缕状的薄云，光滑平整，就像给天空披上了婚纱。由于云内小冰晶的折射和反射，常会产生日晕现象。

28

空中的云有的像棉花，有的像厚被，有的像羽毛……变幻莫测，形态万千。1802年，英国博物学家霍华德根据形状将云分为三类：积云、层云和卷云。结合云的高度和形成原因，国际气象组织把云分成了十种不同的类型。

中云（2000～6000米）	**高积云**	小块的云朵，轮廓清晰，排列整齐，通常由小水滴组成。
	高层云	波浪形的灰暗云朵，就像天空被盖上了一层幕布。常会带来毛毛雨或是小雪。
低云（2000米以下）	**层云**	高度最低的一种云。扁平的层状，就像是铺展在空中的一层地毯。
	层积云	块状的云朵连成了片，云层较低，形状多变。
	雨层云	厚厚的暗灰色云层，覆盖整片天空。常会遮蔽阳光，并带来长时间降雨。
直展云	**积云**	形状像一团一团的棉花，底部平坦，上部蓬松。常常在晴朗的日子里飘过天空。
	积雨云	最典型的"乌云"，又黑又厚，高度可以从距离地面几百米延伸到十几千米。会带来强降雨、冰雹，甚至是雷暴。

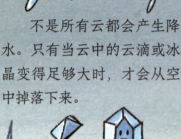

云中的水以各种方式落到地面上的过程，就是降水。依照大气温度的情况，会形成不同类型的降水。

不是所有云都会产生降水。只有当云中的云滴或冰晶变得足够大时，才会从空中掉落下来。

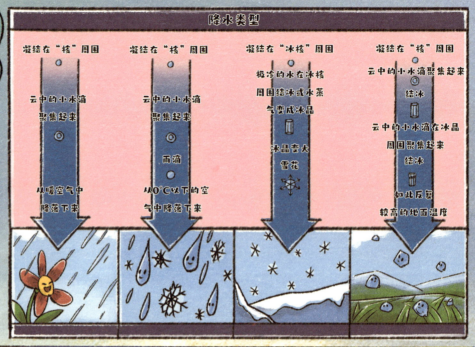

降水类型

凝结在"核"周围	凝结在"核"周围	凝结在"冰核"周围	凝结在"核"周围
云中的小水滴聚集起来	云中的小水滴聚集起来	极冷的水在冰核周围结冰或水蒸气变成冰晶	云中的小水滴聚集起来结冰
	雨滴	冰晶变大雪花	云中的小水滴在冰晶周围聚集起来结冰 如此反复
从暖空气中降落下来	从0℃以下的空气中降落下来		较高的地面温度

雨	最常见的降水形式。云中聚集起来的小水滴从温暖的空气中降落下来，以液态的形式落在地面。	
雨夹雪	如果在下落过程中，雨滴穿过气温低于0℃的空气层，就会重新凝结成固态颗粒，形成液态、固态并存的降水形式。	
冻雨	有时，地表十分寒冷，下落的雨滴在空中没有结冰，却在落到地面后冻住了。冻雨可能会压折树杈、破坏电线、影响道路交通。	
雪	云层中的水汽凝结成冰晶，冰晶逐渐积累变大，形成雪花，降落到地面。	
冰雹	直径大于5毫米的圆形冰块称为冰雹，只会在积雨云中形成。强烈的气流带着冰雹在云中上下穿行，不断添上新的冰层，逐渐长大。如果把冰雹切开，它就像洋葱一样，层次分明。	剖面

不同地方一年中降水量差异极大。有的地方四季多雨，有的地方则终年干旱。不同的降水量会形成不同的气候和植被类型。

冰雹的形成路径

云中的强风

强风

集水漏斗

雨量器是个口大身细的玻璃试管，通常用来测降水量。

测量试管

30

20

10

雨量器是一个口大身细的玻璃试管，人们通常使用它来测量降水量。

Tips1 你知道雨滴有多大吗？

水滴的大小差别很大，一滴雨的含水量约是一个云滴的100万倍。

常见的雨滴大小
（直径）

云滴
（0.02mm）

雾滴
（0.005~0.05mm）

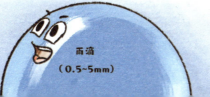

毛毛雨的雨滴
（0.05~0.5mm）

雨滴
（0.5~5mm）

Tips2 雪花都是六角形的吗？

雪花形态多样，没有任何两片雪花是一样的。最具代表性的形状是六角形或有六个分叉。

气团对天气有什么影响？

气团是指温度、湿度、气压等物理属性较相似的大团空气。它们的体量一般很大，面积可达百万平方千米，高度可达10千米。

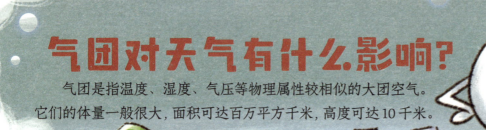

锋面：不同属性的气团相遇时，不会融合在一起，而是会形成一个狭窄的交界面叫锋面。气团的特点和运动情况会影响锋的类型。

快速移动的暖气团爬升到行动缓慢的冷气团上方，形成暖锋。暖湿的空气上升，形成云朵和降雨。因为暖锋移动的速度比较慢，这样的天气往往会持续几天。暖锋过后，天气会变得温暖湿润。

快速移动的冷气团插入到行动缓慢的暖气团之下，形成冷锋。因为冷锋的移动速度快，往往会带来狂风、雷雨等剧烈变化的天气。冷锋过后，气温降低，天气转晴。

如果相遇的暖气团和冷气团力量相似，就会僵持在同一个地方，几乎不发生移动，好像两名势均力敌的拳击手，称为准静止锋。在准静止锋所在的地方，会出现连续的多云和降水天气。

气压系统： 大气中有上升或下降气流的地方，会形成低压或高压的中心。在地转偏向力的影响下，气压系统中的气流通常以螺旋形运动。

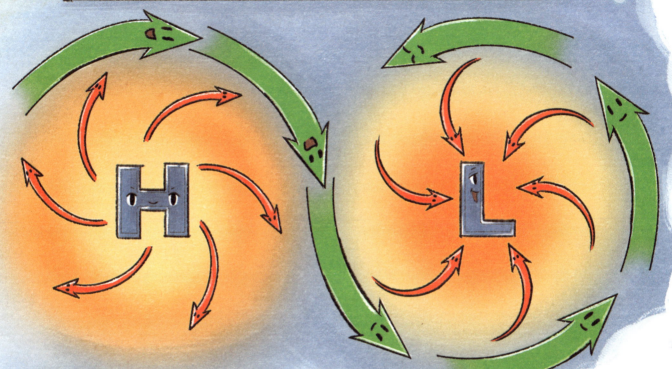

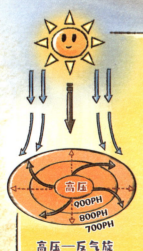

反气旋

反气旋中心气流下沉，到达地表后向四周散开，在北半球形成顺时针转动的高压系统（南半球方向相反）。

空气下沉，温度升高，水汽不易凝结。反气旋控制的地区通常天气晴朗。

高压—反气旋

气旋

气旋中心的气流上升，四周的气流则不断补充进入中心，在北半球形成逆时针转动的低压系统（在南半球则方向相反）。

空气上升，水汽凝结成云，容易出现阴雨天气。

低压—气旋

33

气象学家是怎样预测天气的?

月晕而风,础润而雨。

露珠

"月晕而风,础润而雨。"古人长期积累的生活经验,为我们留下了很多关于天气预测的谚语。但离科学准确地预测天气,还有很大距离。

就像医生给病人做出诊断之前,需要先通过各种检查了解病人的健康状态。为了准确地预报天气,气象学家们也需要掌握完整的气象数据,为气象分析和预报打好基础。

我需要准确数据。

地面的自动气象站可以精确地收集到温度、气压、降水、相对湿度、风速和风向等大气变量。

气象气球能携带测量仪器到达对流层和平流层的交界处,测量那里的温度、气压和湿度情况。

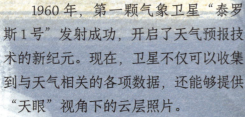

1960年,第一颗气象卫星"泰罗斯1号"发射成功,开启了天气预报技术的新纪元。现在,卫星不仅可以收集到与天气相关的各项数据,还能够提供"天眼"视角下的云层照片。

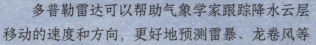

多普勒雷达可以帮助气象学家跟踪降水云层移动的速度和方向，更好地预测雷暴、龙卷风等极端天气。

漂浮在海上的天气浮标，可以搜集海上的天气数据，为船舶航行提供天气信息，同时也能帮助预测陆地上的天气状况。

你好啊！

大型海洋气象浮标

计算机汇总来自世界各地的气象数据，进行快速处理，帮助气象学家做出预测，绘制出气象图。

近年来，随着技术的迅速发展，5天以内的短期天气预报已经有了很高的可靠性。但由于"蝴蝶效应"的影响，要预测更长时间以后的天气情况，依然十分困难。

Tips 什么是"蝴蝶效应"？

"蝴蝶效应"最早由美国气象学家洛伦兹提出，意思是"一只蝴蝶在巴西轻拍翅膀，可以导致一个月后得克萨斯州的一场龙卷风"。

为什么不同地方的气候不同？

气候是指某个地方年复一年、规律性的天气情况。地理学家主要用气温和降水两个指标来描述气候。

大气环流	大洋东侧	大陆西部	大陆中部	大陆东部	大洋西侧	大气环流
极地高气压带	90°	冰原气候			90°	极地高气压带
极地东风带	暖流 70°	苔原气候			寒流 70°	极地东风带
副极地低压带	60°		温带大陆性气候			副极地低压带
西风带	寒流 40°	温带海洋性气候		温带季风气候	50°	季风环流
副热带高压带	30°	地中海气候		亚热带季风气候	35°	
信风带	20°	热带沙漠气候		热带季风气候	暖流 25°	
赤道低气压带	10°	热带草原气候			10°	赤道低气压带
	0°	热带雨林气候			0°	

36

天气每天都会发生变化，前一天狂风暴雨，接下来的一天也许就是阳光明媚。而气候则会稳定得多。同一个地方，气候在很多年里都不会有太大的变化。

有的地方炎热，有的地方寒冷；有的地方湿润，有的地方干旱。很多因素影响着一个地方的气候。

影响气温的因素

纬度位置	通常来说，靠近赤道的地区要比远离赤道的地区热。纬度位置是影响气温的最重要因素。
海陆分布	由于水的升温速度比陆地慢一些，降温速度也要慢一些。所以，靠近海洋的地方要比内陆地区气温变化小一些。冬天更温暖，夏天更凉爽。
地形	地形对气温有特殊的影响。海拔每升高 1000 米，气温会下降约 6.5℃。所以即使是赤道附近的高山，也会十分凉爽。
洋流	暖流流经的地方，气候会更温暖；寒流流经的地方，气候则会更凉爽。

影响降水的因素

大气环流	大气环流所形成的气压带和风带是影响降水的重要因素。温暖湿润、气流上升的地方降水丰富，从海洋吹向陆地的风也会带来较多的水汽。
季风	当季风从海洋吹向陆地时，就会带来大量降水；当季风从陆地吹向海洋时，雨水就会比较稀少。
山脉	山脉会阻挡风和水汽的运动。迎着暖湿气流的一面，往往会形成较多的降水，而另外一面则会十分干燥。

热带气候有什么特点?

热带气候主要可以分为热带雨林气候、热带草原气候和热带沙漠气候。

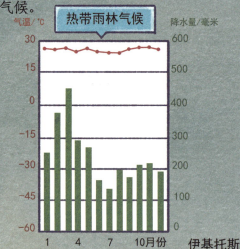

热带雨林气候

伊基托斯

热带雨林气候

热带雨林气候主要分布在赤道附近，以亚马孙平原、刚果盆地和马来群岛最为典型。

属于热带雨林气候的地方，始终保持很高的气温，一年四季都有充沛的降水。

得益于充足的热量和水分，这里的植物生长得极为繁茂，形成了独特的热带雨林。

热带雨林中大量的植物通过光合作用为地球提供氧气，被誉为"地球之肺"，对全球的自然生态环境有着举足轻重的作用。据科学家推测，世界上一半以上的陆生动植物生活在热带雨林中。

热带草原气候

热带草原气候主要分布在热带雨林气候的南北两侧，在非洲面积最为辽阔。

热带草原气候

巴马科

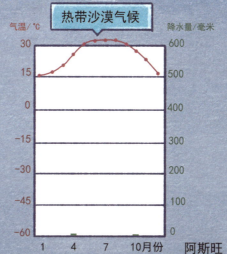

热带沙漠气候

气温/℃　　　降水量/毫米

30
15
0
-15
-30
-45
-60

600
500
400
300
200
100
0

1　　4　　7　　10月份　　阿斯旺

热带沙漠气候

热带沙漠气候主要分布在南北回归线附近的大陆西岸和远离海洋的内陆地区。

热带沙漠气候地带全年炎热而干燥，极少下雨。
植物很难在这样的环境中生长，大多数地方是一望无际的沙漠。

属于热带草原气候的区域，气温在全年都很高，但却具有明显的湿季和干季，只有湿季才有丰富的降水。

在辽阔的草原上，零星地生长着一些能够忍耐干旱的树木。地理学家把这种植被称为"热带疏林草原"。

震撼人心的非洲动物大迁徙就发生在这里。动物们长途跋涉，就是为了追随雨水的"脚步"。

39

温带气候有什么特点？

温带气候主要包括地中海气候、温带海洋性气候和温带大陆性气候。

地中海气候

地中海气候主要分布在纬度30°～40°的大陆西岸，其中面积最辽阔的是地中海沿岸地区。这也是这种气候得名的原因。

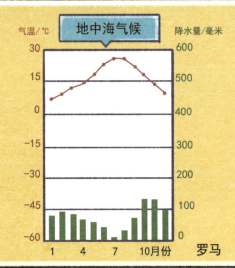

地中海气候的特点十分鲜明。夏天艳阳高照，炎热干燥，很少下雨；冬天较温和，雨水很多。

葡萄、油橄榄等一些植物适合在这里生长。因而，地中海气候的区域能产出世界上最好的葡萄酒和橄榄油。

温带海洋性气候

温带海洋性气候主要分布在纬度 40°～50° 的大陆西岸，以欧洲西部最为典型。

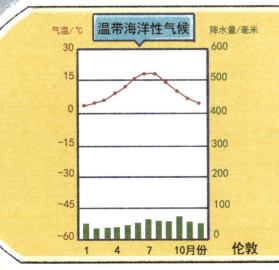

温带海洋性气候是最舒适的气候之一。夏天凉爽，冬天温和，全年都有一定的降水。这样的气候适合多汁牧草的生长，利于畜牧业的发展。

温带大陆性气候

温带大陆性气候主要分布在北半球中纬度区域的大陆中部，是全球分布最广的气候类型。

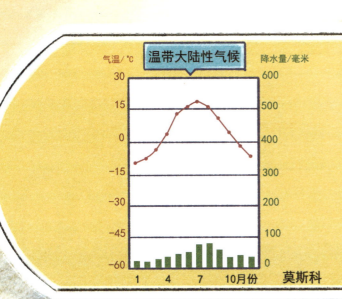

温带大陆性气候按距离海洋的远近，有较大的差异。在远离海洋的区域，水汽难以到达，全年降水较少，形成植被稀少的荒漠景观。

没有了海洋的调节，这里一年中的温度变化非常大，夏季炎热，冬季严寒。甚至一天中的温度差异也很明显，常有"早穿皮袄午穿纱"的情况。

寒带气候和高山气候各有什么特点？

寒带气候是地球上最寒冷的气候带，可以分为苔原气候和冰原气候。

苔原气候主要分布在亚洲、欧洲和北美洲的最北部，从加拿大、阿拉斯加延伸到俄罗斯。

苔原气候一年分为两个季节：漫长而寒冷的冬季、短暂而稍温暖的夏季。

这里只能生长一些矮小的植物和苔藓。它们在漫长的冬季中蛰伏，但会抓住转瞬即逝的夏季快速生长，展现出生命的力量。

苔原气候

冰原气候

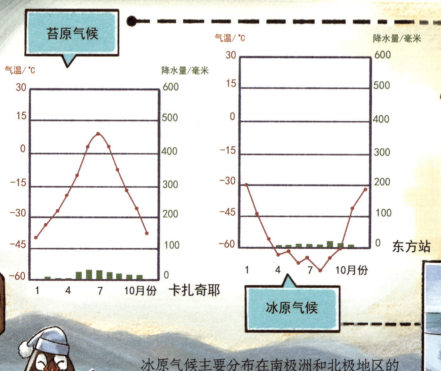

苔原气候

气温/℃

降水量/毫米

卡扎奇耶

气温/℃

降水量/毫米

东方站

冰原气候

冰原气候主要分布在南极洲和北极地区的格陵兰岛。这里极度寒冷，气温总在0℃以下，地面常年被冰雪覆盖，几乎没有植物可以生存。

高原山地气候

气温随海拔升高而下降，所以高山地区要比附近低海拔的地方更寒冷，具有独特的高山气候。

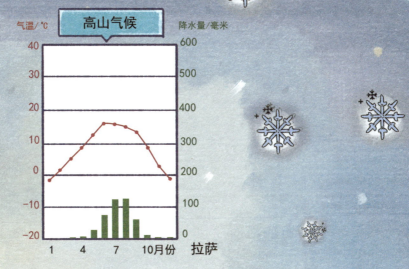

高山气候

气温/℃　降水量/毫米

拉萨

青藏高原的平均海拔超过 4000 米，是最典型的高山气候区域。

从山脚到山顶，气温逐渐降低，植被也不断变化，从热带雨林、阔叶林、针叶林、灌木直到冰天雪地。

可以说，如果从赤道附近一座高大山峰的山脚爬到山顶，你所经历的气候变化，就如同从赤道一路走到极地。

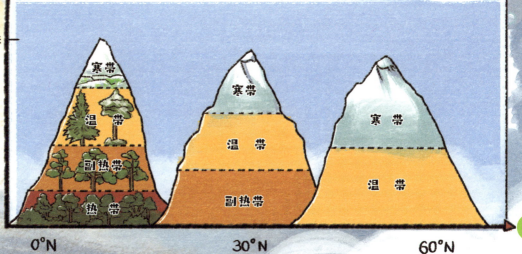

5500米

寒带　温带　副热带　热带　温带　寒带

0°N　　30°N　　60°N

季风气候是如何形成的？

季风是指随着季节变化，风向发生明显变化的风。海洋和陆地的热力性质差异，是导致季风出现的主要原因。

中国冬·夏季风示意图

夏天，陆地温度上升快，海洋温度上升慢，温度的差异带来气压的差异，形成从海洋吹向陆地的风。

冬天，陆地温度下降的速度快，海洋温度下降的速度慢，翻转的温度差异，就形成了从陆地吹向海洋的风。

受季风影响的区域，会形成特殊的季风气候。季风气候可分为**热带季风气候、亚热带季风气候和温带季风气候**。

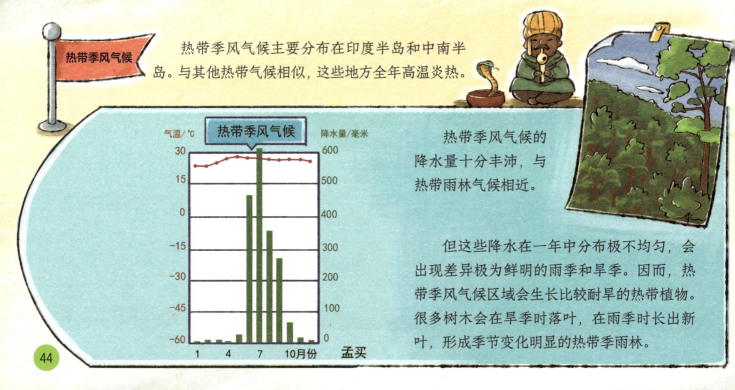

热带季风气候

热带季风气候主要分布在印度半岛和中南半岛。与其他热带气候相似，这些地方全年高温炎热。

热带季风气候的降水量十分丰沛，与热带雨林气候相近。

但这些降水在一年中分布极不均匀，会出现差异极为鲜明的雨季和旱季。因而，热带季风气候区域会生长比较耐旱的热带植物。很多树木会在旱季时落叶，在雨季时长出新叶，形成季节变化明显的热带季雨林。

亚热带季风气候和亚热带湿润气候主要分布在南北回归线附近的大陆东岸，在亚洲、北美洲、南美洲和澳大利亚都有分布，以中国南方地区最为典型。

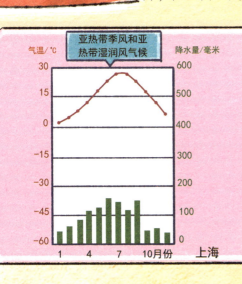

亚热带季风和亚热带湿润风气候

气温/℃

降水量/毫米

上海

亚热带季风气候在一年中风向随季节变化明显，因而四季分明。夏季炎热，降水丰富；冬季较温和，一般平均气温不低于0℃，但降水较少。较高的气温和充足的降水相搭配，非常适合水稻等农作物的生长。亚热带季风气候的很多地区因而成为世界重要的粮食产区。

温带季风气候主要分布在亚洲东部的温带地区，包括中国北方、朝鲜半岛、日本北部及俄罗斯的太平洋沿岸地区。

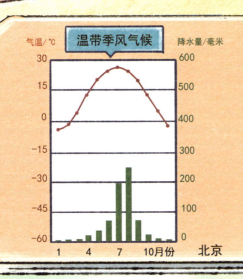

温带季风气候

气温/℃

降水量/毫米

北京

温带季风气候与亚热带季风气候有相似之处，但冬季更为寒冷，平均气温会低于0℃，并且一年中的降水也会更少。

生长在这里的树木，大多会在寒冷干燥的秋冬时节落叶，到第二年春天大地复苏时再长出新的嫩叶，形成四季变换的色彩与景致。

Tips 为什么季风气候在亚洲东南部最典型？

因为亚欧大陆是世界上最大的大陆，太平洋是世界上最大的大洋，因而两者间的海陆差异最为明显，利于季风气候的形成。

深居内陆

东亚季风

南亚季风

雷暴和龙卷风是怎么回事?

风暴运动 →

冷空气向下运动

暖湿空气上升

大雨

雷暴是会出现电闪雷鸣和大雨的小型风暴。在积雨云中,温暖而湿润的空气不断上升,就可能产生雷暴。

世界上每时每刻约有 2000 个雷暴正在形成。全球每年发生的雷暴数超过 1600 万个,大多出现在温暖、水汽充沛的热带地区。

一次雷暴的发生,通常有三个阶段:积云期、成熟期、消散期。

积云期	成熟期	消散期
空气不断上升,逐渐形成庞大的积雨云。	积雨云内强烈的上升气流和下降气流同时出现,大雨倾盆。	上升的气流逐渐消失,降水减小,云层消散。

在雷暴形成的过程中,云层中的正电荷和负电荷会积聚起来。当集聚的电荷在云层中或云层与地面间突然释放时,会产生剧烈的电火花,也就是闪电。

闪电释放的能量会将周围的空气迅速加热到接近 30000℃的高温,空气高速膨胀,发生"爆炸",也就是雷声。

Boom

Boom

雷暴可能带来严重的破坏。高强度的降雨可能引发洪水，闪电可能引发森林大火，甚至直接造成人员伤亡。

极为强烈的雷暴，又称为"超级单体"。它们携带巨大的能量，内部形成强烈的螺旋式上升气流，持续时间长，破坏性更大，甚至会引发龙卷风。

龙卷风是一种形如同瘦长漏斗的空气柱。它从超级单体的云层底端飞速旋转而下，袭击地面。

龙卷风的持续时间通常很短暂，影响的范围也不大，但风速却可以达到每小时 500 千米。因而，龙卷风经过之处，会带来毁灭性的破坏。

美国每年会发生约 800 次龙卷风，数量远多于世界其他国家。美国中部的大平原气候环境独特，成了龙卷风集中出现的"走廊"。

龙卷风走廊

冷空气

晓射气流

高气压

湿暖空气

Tips 为什么总是先看到闪电，后听到雷声？

因为光的传播速度比声音快得多。

台风是怎么形成的?

热带气旋是在赤道附近的热带海洋区域形成的特殊天气系统,一般需要海水表面的温度超过 26℃。

这样的过程循环往复,不断加强,就会形成规模庞大的热带气旋。它们的直径可达到数百千米,高度则能超过 10 千米。

由于海面温度较高,海水大量蒸发,形成水汽向上运动,而四周的空气则源源不断地补充进来。受地转偏向力的影响,这些流入的空气发生偏转,逐渐旋转起来。

热带气旋的强度以近中心地面最大平均风速为准,风速越大,热带气旋就越强。风力达到或超过 12 级的热带气旋,就称为"台风"。

北半球成熟热带气旋横截面图

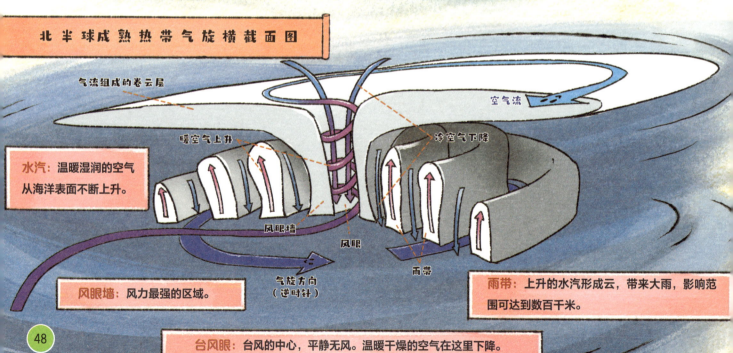

气流组成的卷云层

空气流

暖空气上升

冷空气下降

水汽:温暖湿润的空气从海洋表面不断上升。

风眼墙

风眼

雨带

气旋方向（逆时针）

风眼墙:风力最强的区域。

雨带:上升的水汽形成云,带来大雨,影响范围可达到数百千米。

台风眼:台风的中心,平静无风。温暖干燥的空气在这里下降。

西北太平洋是全球发生台风最多、强度最大的海域。因而中国也是世界上受台风影响最多的国家之一。加勒比海、澳大利亚东海岸、印度洋等海域也会有台风发生。

台风会带来狂风、暴雨和风暴潮，具有破坏力，可能给途经地区带来严重灾难。

北京

大风能掀翻轮船与汽车、破坏地面建筑与通信设施；暴雨可能会造成洪水泛滥，淹没村庄与农田；发生在海上的风暴潮，会形成数米高的巨浪，给沿岸地区带来巨大破坏。

随着技术的进步，气象学家可以利用气象卫星确定台风中心的位置、估计台风的强度、监测台风移动的速度和方向，提前发布台风预报，从而减少台风带来的人员伤亡和损失。从另一个角度来说，台风能给很多地区带来丰沛的降水，缓解高温酷暑和干旱，并不是只有坏处。

我叫台风。

Tips 台风和飓风有什么区别？

它们都是强烈的热带气旋，只是发生地点不同。出现在北太平洋西部的热带气旋，称为"台风"；出现在北太平洋东部和大西洋的热带气旋，称为"飓风"。

我叫飓风。

49

什么因素会导致气候的变化？

　　虽然气候在短时间内较稳定，但在地球漫长的历史中，气候发生过很多冷和暖、湿和干的循环变化。近 200 万年来，寒冷的冰期和相对温暖的间冰期不断交替出现。最近的一次冰期约在 1 万年前结束，目前我们正处于两次冰期间的温暖时期。自然界中有很多天然的"资料仓库"，保存着地球历史上气候变化的信息。科学家通过自然留下的蛛丝马迹，可以重建过去的气候情况。

海底沉积物	海洋中的生物死亡后，大多会沉入海底，成为海底沉积物的一部分。不同的气候适宜不同的生物生活。钻取深海海底的岩石，观察其中的生物化石，科学家能了解气候的整体变化情况。
冰川	经年累月形成的冰川和海底沉积物相似，包含着不同年代的气候信息。科学家在南极或青藏高原厚厚的冰层中钻取冰芯，研究其中包含的气泡和尘埃，就可以获得过去几十万年间的气候历史。
树轮	将树木砍断，可以看到一圈圈的年轮。年轮的宽窄反映出树木生长时的气候情况：狭窄年轮说明当年寒冷干燥，宽厚年轮说明当年温暖湿润。
花粉	每种植物都有自己独特的花粉类型。科学家通过研究沉积物中的花粉，就能知道这个地方以前生长着哪些植物，这些植物又适合怎样的气候环境。
珊瑚	珊瑚的生长受到气温和降水的影响。通过检测珊瑚骨架的成分，可以复原出准确可靠的海水温度和降水量记录。

对气候发生变化的原因，科学家们提出了多种不同的假设。

地球运动	根据科学家的观察，地球绕太阳旋转的轨道、地轴倾斜的角度和地轴指向的方向，都会在几万到十几万年的周期中不断变化。这些看似微小的变化，可能让气候产生很大变化。 地球自转　　地球公转
板块构造	板块的运动改变了陆地和海洋的分布，影响全球风带和洋流，从而慢慢地改变了全球气候。 赤道　泛大陆　　12500万年前　　　　劳亚大陆　赤道　冈瓦纳大陆　18000万~20000万年前
太阳活动	短期的气候变化，可能与太阳黑子的数量变化有关。当太阳黑子增多时，太阳输出的能量会增多，引起地球表面的温度升高。
火山活动	剧烈的火山喷发，会释放大量气体和粉尘，遮天蔽日，经年不散。它们会阻挡太阳光，导致地球表面温度降低。

全球变暖会带来怎样的影响?

在过去的 150 余年中，全球气温呈现明显的上升趋势。这种现象称为"全球变暖"。

很多科学家认为，人类活动增加了大气中二氧化碳、甲烷等温室气体的含量，导致了全球变暖。

煤炭、石油、天然气等化石燃料的燃烧，是二氧化碳最主要的来源。发电厂、汽车行驶、房屋保暖等都需要用到化石燃料。

大规模的森林砍伐也是造成大气中二氧化碳增多的原因。植物的光合作用可以吸收大气中的二氧化碳。树木的减少，意味着更多的二氧化碳被留在了大气中。

温度的升高会导致冰川的融化。在过去半个世纪中，很多山地、冰川消失，南极和格陵兰的冰盖也在不断萎缩。

北极地区海洋中的海冰和陆地上的永久冻土也在不断融化。海冰的减少，威胁着北极熊等极地生物的生存；冻土的融化，会将土壤中的二氧化碳释放到空气中。

图表图例：
- 观测到的温度
- 人为和自然因素的影响
- 单纯自然因素的影响

海水温度升高，体积膨胀，而冰川融化又导致更多的水汇入大海。在过去一个世纪中，海平面上升了10～25厘米，且这个趋势还在继续。

海平面上升会淹没低矮的沿海土地，一些岛屿甚至会遭受"灭顶之灾"。而很多沿海地区，正是人口密集、经济发达的地带。

空气中过多的二氧化碳，会溶解在海水中，使海洋变得"更酸"。这将改变海洋的整体环境，影响很多海洋生物的生存。

全球变暖还可能带来酷暑、洪水、干旱、台风等更多的极端天气和灾害。

《京都议定书》

减少化石燃料的消费、减少二氧化碳的排放，是减缓全球变暖的根本方法。《京都议定书》等一系列国际协定的签订，推动了全世界减少排放二氧化碳的进程。

Tips 1 全球变暖真的是人类造成的吗？

有少部分科学家认为，全球变暖可能也有自然原因。一些研究发现，在长时段中，太阳产生的能量会发生变化，地球公转和自转的角度也会有微小变化。这些变化都可能引起地球气候的改变。

Tips 2 全球变暖有好处吗？

全球变暖可能给一些地方带来潜在的好处。如曾经由于气候过于寒冷而无法耕种的土地，会随着温度的升高，成为可以开垦的农田。

图书在版编目（CIP）数据

绕不开的地理常识.2,奇妙的气象气候 / 朱岩编著; 石子儿童书绘. —— 北京：电子工业出版社,2024.1
（超级涨知识）
ISBN 978-7-121-46716-5

Ⅰ.①绕… Ⅱ.①朱… ②石… Ⅲ.①地理－少儿读物 Ⅳ.①K9-49

中国国家版本馆CIP数据核字（2023）第228027号

责任编辑： 季　萌
印　　刷： 当纳利（广东）印务有限公司
装　　订： 当纳利（广东）印务有限公司
出版发行： 电子工业出版社
　　　　　 北京市海淀区万寿路173信箱　邮编：100036
开　　本： 889×1194　1/20　印张：16.2　字数：421.2千字
版　　次： 2024年1月第1版
印　　次： 2024年1月第1次印刷
定　　价： 148.00元（全6册）

凡所购买电子工业出版社图书有缺损问题，请向购买书店调换。若书店售缺，请与本社发行部联系，联系
及邮购电话：（010）88254888，88258888。
质量投诉请发邮件至zlts@phei.com.cn，盗版侵权举报请发邮件至dbqq@phei.com.cn。
本书咨询联系方式：（010）88254161转1860，jimeng@phei.com.cn。